中国南阳汉画像石大全

第七卷

凌皆兵　王清建　牛天伟　主编

中原出版传媒集团
大地传媒

大象出版社
·郑州·

目录

朱雀铺首衔环 / 215

〔卷首语〕

"生年不满百，常怀千岁忧。"秦始皇、汉武帝乃至新朝的王莽，这些不可一世的皇帝都对神仙思想疯狂迷恋。上行下效，秦汉时期，长生不老、羽化升仙的幻梦深刻影响着社会各阶层。但现实中生老病死是人类永远无法回避的自然规律。人生苦短，生时不能实现不死的愿望，只好寄希望于来世。人们认为死不是生命的终结，而是新生命的开始，死亡只是生命存在形式的一种转换，人们不但可以让生命在另一个世界中延续，而且可以把冥界生活过得比生前更美好。

但是地下的生活毕竟是未知和恐怖的，人们认为可能会有不少的妖魔鬼怪潜伏其中，它们会成为灵魂转生途中的障碍，故而就想象出了众多的办法来消灭这些妖魔鬼怪，而利用各种具有神异力量的动物来驱赶或吞噬这些妖魔鬼怪就成为最佳的选择（这些被消灭的妖魔鬼怪也大都被刻画成怪异的动物形态）。这样的观念可能是基于原始的动物崇拜，受到宫廷大傩逐疫礼仪的影响，因此，汉画中便出现了许多兽与兽斗的场景。逐疫辟邪只是一个手段，不死和升仙才是最终目的，所以汉画中的辟邪往往与升仙杂陈并存于一个画面中，二者相辅相成，关系紧密，难以分开。

地下世界并不是灵魂的久留之地，它只是一个中转站，天上的仙境才是人们向往的最理想的家园。人类要想飞升仙界，就必须借助各种祥禽瑞兽，尤其是有羽翼的祥瑞动物，或者自身潜心修炼羽化成仙，于是南阳汉画中便出现了许多羽人戏龙、仙人骑神兽等画面。不论是辟邪还是升仙，这些画像中大都以缭绕的云气作为背景点缀纹饰，因为在人们的想象中仙界就在高远的太空。

　　在灵魂不死和事死如生的丧葬观念的支配下，阴宅就成了世间阳宅的翻版，白虎、朱雀（凤鸟）这些盛行于阳间的祥瑞动物便堂而皇之地出现在墓门之上，再一次显示出了守护神的超自然威力和辟邪升仙的宗教功能。

　　本卷与第六卷其实是一个整体，从世俗的功利角度来考量，不论是单体的动物形象，还是多种动物相组合的画面，其中的祥禽瑞兽都具有辟邪或升仙的寓意。因为数量太多，也是为了便于读者查阅，我们只是按画面形态的差异对其进行了简单的分类，把具有组合关系和故事情节的画面归入本卷中。这里还需要特别说明的是，因从表象上来看，祥瑞动物与世俗动物有时难以严格地区分，我们也会把某些画像划入第八卷中的斗兽或兽斗类画像中。

〔羽人戏龙〕

画刻一熊、一羽人、一龙，画间饰云气，上刻连续三角形图案，下刻菱形套连图案。

羽人戏龙

143 cm ×45 cm　征集于南阳市

画刻一熊、一羽人、一龙，画间饰云气，上刻连续三角形图案，下刻菱形套连图案。

羽人戏龙

161 cm ×22 cm　征集于南阳市

画刻一龙反咬其身，一羽人双手抓龙尾。

羽人戏龙

175 cm × 40 cm　征集于南阳市武侯祠

画刻一仙人，单腿跪地，一手执仙草，一手执其前龙龙尾。此龙巨口长角，颔下有须，引颈，翘尾，尾生两叉。画间饰云气。

羽人戏龙

160 cm × 40 cm　征集于南阳市

画中刻一仙人，手执仙草，踞坐前倾，正在戏龙。此龙应为应龙，翘首张口，欲食仙人手中的仙草。画右刻一兽，豹躯有翼，奔向仙人。

羽人戏龙

139 cm ×24 cm　征集于南阳市

画左刻一羽人，脑后飘长发，跨步，双手伸向其前一龙。

羽人戏龙

174 cm × 44 cm 征集于南阳市

画刻一羽人，手执灵芝。其前刻一应龙，头生尖角，肩生羽翼，长尾曳地，张巨口，迈四肢，欲食其前灵芝。

羽人戏龙

185 cm × 37 cm　征集于南阳市

画刻一龙，有翅有角，长尾长颈，张口作奔走状。龙前刻一羽人，长发飘于脑后，身材纤细，手执仙草。
画间饰云气，下刻山峦。

画刻一龙自衔其身，一羽人手执龙尾。

羽人戏龙

164 cm×30 cm　征集于南阳市

画刻一龙自衔其身，一羽人手执龙尾。

羽人戏龙

158 cm ×41 cm　　征集于南阳市

画左刻一兽。中刻一羽人跨步向前，一手伸向其前之龙，龙边向前奔跑边回首张望。右刻一
牛，俯首弓背，翘尾跃身，奋蹄向前抵触。

羽人戏龙

170 cm×44 cm　征集于南阳市

画左刻一人，手执牛角，向前作奔跑状。中刻一羽人戏龙，右刻一兽。

羽人戏龙

191 cm × 48 cm　　征集于南阳市

画中刻一龙，张口引颈，奋力前扑，前爪伸向其前一螺。其后刻一羽人，脚踏一物，倾身
伸手欲抓龙尾。画间饰云气。

羽人戏龙

188 cm × 40 cm　征集于南阳市

画左刻两兽，一兽张口有角，前肢抬起，后肢蹲坐于地，尾巴上扬；另一兽似鹿，独角有翼，后蹄腾空作飞奔状。右刻一羽人，双腿跪地，双手执一物似喂其前一龙。画间饰云气。

羽人戏龙

177 cm × 39 cm　征集于南阳市

画中刻一仙人，单膝跪地，两臂伸展，其两侧各刻一龙。

羽人戏龙

144 cm × 40 cm　征集于南阳市

画左刻一兽，尖嘴双角，背生翼，后蹄腾空，尾巴细长。中刻一龙，尾巴弯曲细长，肩生翼，
双角，作回顾状。右刻一羽人，身生羽毛，右手执芝草。画间饰云气。

羽人戏龙

175 cm × 43 cm　征集于南阳市

画左刻一武士，头束髻，一手按怪兽头部，一手抡拳欲打。右刻一羽人，手执灵芝，与其
前之龙相戏。画间饰云气。

羽人戏龙

166 cm × 45 cm　征集于南阳市

画左刻一龙，曲颈回首。中刻一羽人，手执灵芝与龙相戏。右刻一异兽，身体后倾，仰面舞臂，蹲坐于地。上方刻饰三角形连续图案，画间饰云气。

羽人戏龙

138 cm × 33 cm　征集于南阳市七孔桥

画右刻一龙，曲颈振翼，奋足卷尾。龙前刻一肩生羽毛的仙人，手执一物向龙而戏。

戏龙

113 cm × 33 cm　征集于南阳市

画中刻一龙，纵身曲颈，张口向前飞奔。右刻一人，弓步伸臂与龙相戏。画下部点缀山峦，画间饰云气。

羽人戏龙

166 cm ×37 cm 征集于南阳市

画右刻一羽人，单腿跪地，与其前之龙相戏。此龙身生鳞甲。画间饰云气。

羽人戏龙

163 cm × 37 cm　征集于南阳市

画中刻一人，跨步与其前一龙相戏。左刻一兽，不可识。画间饰云气。

熊龙升仙

29 cm×140 cm　征集于南阳市朝山街寨门外小庄西桥

画上方刻一顿足挥臂熊，下刻一有翼龙，龙首上尾下。

熊虎逐疫

160 ㎝ ×36 ㎝　征集于南阳市

画右刻一人，右手前伸上举作奔跑状。中间刻一生翼之虎，正张口奋爪扑向其前一熊，熊扭
头回望。左刻一牛。

狮虎咒逐疫

146 cm×26 cm   征集于南阳市

画中刻一虎，虎身生翼，作前扑回首状。虎前一兕，作奋力前抵状。虎后刻一狮，作张口前
行状。

骑龙逐兕

193 cm × 36 cm   征集于南阳市

画右刻一独角兽（兕），弓背低头，奋力前抵。画左刻一龙，龙身上骑一羽人。羽人双手
扶在龙颈上，肩生羽翼。

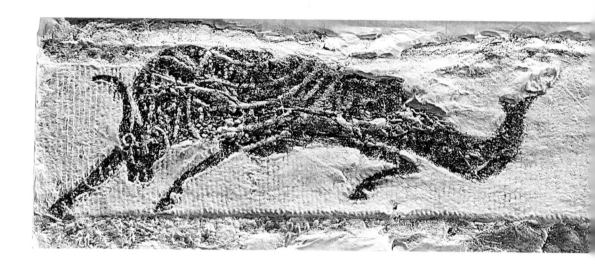

熊戏龙觅

140 cm ×24 cm　征集于南阳市

画右刻一龙，龙后半身缺失。中刻一熊回头扭身站立。画左刻一独角兽（觅），弓背低头，肩生羽翼。

祥瑞升仙

170 cm × 37 cm　征集于南阳市

画中刻一人，向前跨步。左刻两兽，一作前行状，一作立身回首状。右刻一兽一虎，兽昂
首张口，肩生翼，奋爪作前行状；虎昂首张口，尾生三叉。画面上方刻连续三角形图案。

羽人戏瑞兽

182 cm × 41 cm　征集于南阳市

画左刻一兽，独角，奋蹄奔跑。其后刻一人，单膝跪地，手拿一物喂食一兽。右刻一人，单
膝跪地，迎向奔跑而来的一兽。画下方刻菱形套连图案，画间饰云气。

画中刻一龙，长嘴长颈，体生翼，身躯伸展作前行状。左刻一虎，作张口前扑状。右刻一熊，作顿足挥臂扭身状。

虎熊戏龙

167 cm×36 cm　征集于南阳市唐河县湖阳镇

龙虎升仙

155 cm × 41 cm　征集于南阳市石桥

画右刻一人，双臂伸展，作跨步奔跑状。其后刻一龙，作奔腾回首状。左刻一虎，体生长翼，作前扑状。画间饰云气。

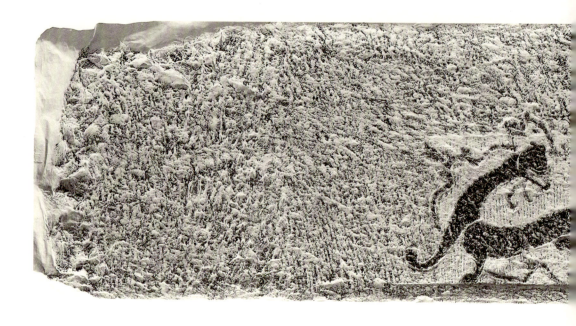

仙人骑龙戏虎

190 cm × 45 cm   征集于南阳市独山西坡

画左刻一虎，张口扭首与一羽人相戏。右刻一羽人骑于龙身之上。画间饰云气。

翼兽升仙

189 cm × 40 cm　征集于南阳市

画刻四神兽，前后相随，作奔腾状或相互吸引状。左刻两兽，形似鹿，皆头生两长角，肩生翼，一长尾，一短尾。右刻两兽，一类龙，一类鹿。画间饰云气，画面下方刻菱形套连图案。

龙虎升仙

198 cm×40 cm　征集于南阳市

画刻四神兽。自左至右分别为：一龙，作奔走回首状；一神兽，似虎，头生角，张口，粗尾；
一兕，头长尖角，肩生翼，尾巴粗大，俯首弓背作前抵状；一虎，粗尾，昂首作前行状。
画面上刻三角形图案，画间饰云气。

兕龙戏逐

157 cm × 44 cm　征集于南阳市

画左刻一兕，头生尖角，肩生翼，俯首弓背，奋爪前抵。右刻一龙，张口引颈，弓背前行，
长尾缠于后腿之下。画间饰云气，下刻山峦。

辟邪升仙

153 cm × 42 cm　征集于南阳市

画左刻一羽人，手执一物，龙引颈回首与羽人相戏。中刻二兽相斗，一兽作战败状。右刻一龙，龙引颈回望。画面上刻连续三角形图案，画间饰云气。

翼兽升仙

224 cm×46 cm   征集于南阳市

画左刻一人，束发髻，伸臂跨步亮掌。右刻两瑞兽，头似鹿，有角，肩生翼，互为嬉戏。
画面上边框及右边框饰三角形图案，画间饰云气，下饰山峦。

翼龙升仙

167 cm ×40 cm　征集于南阳市沙岗店

画左刻一人，束发髻，赤手作跨步状。中刻一兽，似龙，肩生翼，扭颈回首。右刻一龙，肩亦生翼，引颈前行追赶其前之兽。画面上刻连续三角形图案，画间饰云气。

瑞兽逐疫

145 cm × 37 cm　征集于南阳市

画左刻一人首虎身兽，与其前一异兽相望。右刻一虎，长尾，昂首作前行状。右刻一牛，俯首弓背，扬长角奋力前抵。画间饰云气，下刻斜平行纹饰。

祥瑞驱邪

236 cm × 43 cm　征集于南阳市

画左刻一大螺，身如圆盘，头前伸。中刻一龙，肩生翼，曲颈张口，尾巴细长卷曲，迈步前行。右刻一兽，低头夹尾，身体蜷曲如战败之状。其前一虎，昂首扬尾作奔走状。画面上饰三角形连续图案，下饰菱形套连图案，画间饰云气。

翼兽升仙

157 cm × 36 cm　　征集于南阳市

画左刻一人，着短装，跨步亮掌。中刻一龙，肩生翼，奔跑中扭头回望其后之鹿。鹿亦生翼，向前飞奔。画间饰云气。

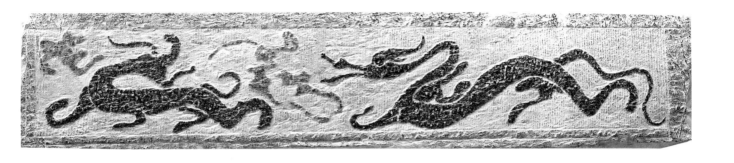

二龙戏逐

228 cm × 48 cm　征集于南阳市

画左刻一兽，似龙，长尾，有角，曲颈回首，张口前行。右刻一龙与之相随而行。画间饰云气。

瑞兽戏逐

173 cm × 35 cm　征集于南阳市安居新村

画左刻一兽，似鹿，头生双角，迈开四蹄作奔跑状。右刻一神兽，长角粗壮，有翼，张巨口追赶前兽。画间饰云气。

瑞兽升仙

192 cm×49 cm　征集于南阳市

画左刻一兽，似龙，头生双角，肩生长毛，伸展四肢作奔跑状。右刻两兽，均身躯壮硕。
画间饰云气，画面上方刻饰连续三角形图案。

逐疫升仙

172 cm × 42 cm 征集于南阳市

画左刻一兽，似狮，尾上扬，张口扑向其前一兽。此兽低头弓背，后腿蜷曲。右刻一龙，背生双翼，引颈张口。画间饰云气，画面上方刻饰三角形连续图案。

瑞兽戏逐

174 cm×40 cm　征集于南阳市

画左刻一神人，赤身扬手，弓步欲抓其前之兽。此兽长颈细尾，向前奔跑。右刻一怪兽，细
尾上翘，昂首向前奔跑。画间饰云气，画面上方刻饰三角形连续图案。

画刻一龙一虎昂首翘尾，相随而行。

龙虎戏逐

150 cm ×38 cm　征集于南阳市

画刻一龙一虎昂首翘尾，相随而行。

龙虎戏逐

104 cm × 39 cm 征集于南阳市

画左刻一龙，龙角卷曲，张口瞪目，引颈回首，与其后一虎相伴前行。画间饰云气，画面上方刻饰三角形连续图案。

熊龙戏逐

158 cm×37 cm　征集于南阳市

画左刻一熊，顿足回首。右刻一龙，头生角，背生翼，细颈卷尾。画间饰云气。

仙人戏兽

200 cm×41 cm　征集于南阳市

画中刻一仙人，双手各执一物，形似仙草，喂食两侧之兽。左侧之兽，尖嘴有角，长颈，肩生羽翼，伸颈前行。右侧之兽，体壮头小，低头前行。画面上方刻饰三角形连续图案。

瑞兽升仙

160 cm × 35 cm   征集于南阳市

画左刻一兽，后腿蜷曲蹲于地上，尾上扬，伸头张巨口。右刻一龙，背向而行，扭颈回望。

龙虎升仙

144 cm × 34 cm   征集于南阳市

画左刻一人，束髻，双手伸展作奔跑状；右刻一翼虎与一龙相向而戏。画间饰云气。

龙虎驱邪

187 cm × 42 cm　征集于南阳市

画左刻一虎，张口翘尾，向前奔驰。其前一兽，相向站立。右刻一龙，曲颈张口，向前奔走。
画面下方点缀山峦。

龙虎驱邪

173 cm×42 cm 征集于南阳市

画左刻一虎，中刻一兽低头蜷身，右刻一龙飞腾于山顶之上。画间饰云气，画面上方刻饰三角形连续图案。

画左刻一人，作奔跑状。中刻一龙一虎，龙奔跑且回首和其后追来的虎相呼应。右刻一熊，张牙舞爪。画间饰云气。

龙虎升仙

167 cm × 40 cm   征集于南阳市

画左刻一人，作奔跑状。中刻一龙一虎，龙奔跑且回首和其后追来的虎相呼应。右刻一熊，张牙舞爪。画间饰云气。

龙虎升仙

167 cm × 40 cm　征集于南阳市

画左刻一熊，扭身站立。右刻一虎与一龙相随而行。画间饰云气。龙虎之间的下方点缀山峦。

瑞兽升仙

166 cm×42 cm   征集于南阳市英庄

画刻三兽，中为一有翼兽，奔跑中回首顾盼其后之兽（画面漫漶，只可见一兽前足）。左刻
一兽，头部残缺。画间饰云气。

异兽戏逐

122 cm×26 cm　征集于南阳市安居新村

画刻二兽。左兽瞪目转首翘尾作回望状，右怪兽独角大耳，瞪目张口，口类龙口，背脊
生出牛角状双角（翼）。

瑞兽戏逐

122 cm ×23 cm　征集于南阳市

画左刻一咒，奋力前抵，其后一兽奋力追逐。

龙虎戏逐

132 cm × 39 cm　征集于南阳市

（上图）画刻一龙一虎。龙长颈长身，作回首顾望状。虎张口奋爪，作追赶其前之龙状。
画间饰云气。

虎斗怪兽

144 cm ×39 cm　　征集于南阳市安居新村

（下图）画左刻一怪兽，肩生翼。画右一虎张口翘尾，与怪兽相对。

画刻一虎、一熊和一鹿，在云气中作行走状。

瑞兽嬉戏

181 cm × 45 cm　征集于南阳市宛城区十里铺

画刻一虎、一熊和一鹿，在云气中作行走状。

辟邪升仙

152 cm × 38 cm   征集于南阳市

画左刻一狮和一兽相斗。右刻一龙，肩生双翼，伸颈引首，向前奔腾。画间饰云气，画面上
方刻饰三角形连续图案。

逐疫升仙

207 cm × 43 cm　征集于南阳市

画左刻一狮与一兽相斗。中刻一龙，引颈向前奔走。右刻一人单腿跪地，与一牛相斗。画间
饰云气，上方刻饰三角形连续图案，下方刻饰起伏山峦。

狮斗怪兽

168 cm×38 cm　征集于南阳市安居新村

画左刻一怪兽，中刻一狮子张口向怪兽扑来，右刻一熊仓皇而逃。画间饰云气。

逐疫升仙

237 cm × 44 cm　征集于南阳市

画左刻两仙人乘龙骑虎，飞腾于云气之中。右刻一熊一虎，熊张臂奔跑，是为驱疫辟邪的神方相氏的形象；虎张口奋爪，扑向其前怪兽。怪兽垂首夹尾，蹲坐于地。画面上方刻饰三角形连续图案，画间饰云气。

虎吃鬼魅·天马

179 cm × 42 cm 征集于南阳市

画左刻一神兽似虎，张口咬住一鬼魅的左腿。鬼魅似人形，有兽尾，奋力挣扎，欲逃脱。
右刻一兽似马，肩生羽翼，作狂奔状。画间饰云气。

仙人乘鹿

150 cm × 40 cm　征集于南阳市宛城区

画刻二仙人乘鹿相嬉。前一仙人面向后方半躺于鹿背之上，手执仙草与后边的仙人相呼应。
后边的仙人已从鹿背上升腾而起，正跨步驾云奋力追赶前边的仙人。画间饰云气。

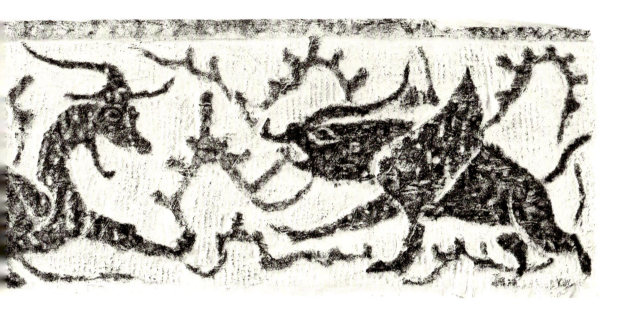

神兽戏逐

167 cm ×36 cm　征集于南阳市

画刻三只神兽，均作奔走状。画间饰云气。

逐疫升仙

212 cm × 40 cm　征集于南阳市

画左刻一神人乘虎，虎后一怪兽夹尾低首蹲坐于地。怪兽之后又刻二虎，其一站立，另一前肢腾
空，作纵身猛扑状。右刻一龙，奔走回首，一羽人与龙相戏。龙右刻一熊，作人立状，张牙舞爪。
画间饰云气，画面上方刻饰三角形连续图案。

驱魔升仙

156㎝×40㎝　征集于南阳市（已调拨河南博物院）

画中刻一虎与一怪兽相斗，怪兽垂首夹尾蹲坐于地。左刻一虎一熊，熊张牙舞爪，虎纵身猛扑。右刻一龙奔走回首，一羽人执仙草戏于龙口。画间饰云气。

百戏·羽人戏龙虎·羊

107 cm×42 cm　征集于南阳市卧龙区沙岗店（已调拨河南博物院）

画面分上下两层。上层左刻百戏，一人击鼓，一人倒立，二人踏鼓而舞。右二人跽坐吹奏乐器，右刻两骑。画面上方刻饰帷幔。下层左刻两羽人戏一龙一虎，右刻三只羊。

鹿车升仙

134 cm ×70 cm　征集于南阳市魏公桥（已调拨河南博物院）

画中刻一云车，上乘二人，二鹿牵引，车后一鹿二仙人相随。画间饰云气。

驱魔逐疫

160 cm × 40 cm　征集于南阳市宛城区袁庄

画左刻一狮，昂首张口，肩生翼。中刻一龙，曲颈张口，肩生翼。右刻一人（残），一手执
牛角。画间饰云气。

斗咒·龙虎升仙

159 cm×37 cm   征集于南阳市

画中刻一人与咒相斗，左手握咒独角，右手举一物。画左右分别刻一龙一虎，奔驰之中曲颈
回首。画间饰云气。

祥瑞升仙

160 cm ×53 cm　征集于南阳市邢营

画左上下各刻一龙，右刻一玄武。画间饰云气。

祥瑞升仙

120 cm × 40 cm　征集于南阳市

画面刻两兽互斗，其前爪纠结于中间一团水藻状物。右侧之兽，虎身猫面；左侧之兽，面似
人脸，张口瞪眼，面目凶悍。画面上、右刻饰三角形图案，下饰山峦。

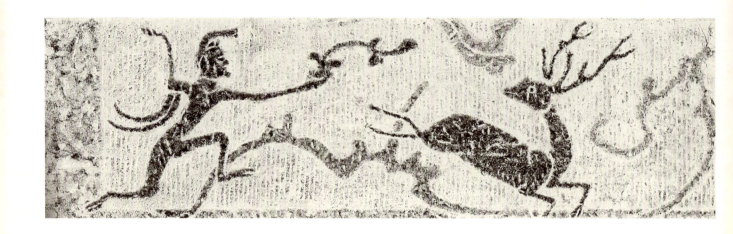

羽人戏鹿

113 cm × 35 cm　征集于南阳市（已调拨河南博物院）

画左刻一裸体仙人，右肘下生两束长羽，向前跨步奔走，左臂前伸，手举仙草。右刻一鹿，
奔走中回首顾盼后面的羽人。画间饰云气。

白虎铺首衔环

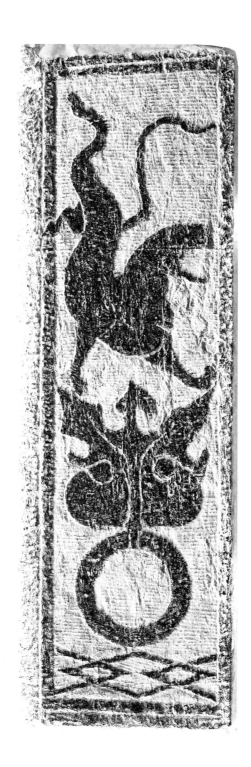

白虎铺首衔环

54 cm × 155 cm　征集于南阳市

画面上方刻一虎，中刻铺首衔环，下刻菱形套环。

白虎铺首衔环

68 cm ×122 cm　征集于南阳市

画面上刻一白虎，虎张口奋爪，后肢上立，尾平翘。白虎下方刻铺首衔环。石刻底剔为平素面。

白虎铺首衔环

53 cm ×170 cm   征集于南阳市

画面上方刻一白虎，白虎昂首奋爪翘尾。下刻铺首衔环。

白虎铺首衔环

53 cm×160 cm　征集于南阳市

画面上刻一白虎，白虎昂首奋爪翘尾。中刻铺首衔环。下刻菱形穿环图案。

白虎铺首衔环

57 cm ×135 cm　　征集于南阳市蒲山

画面上方刻一白虎，白虎昂首张口，身躯上立，翘长尾。白虎下方刻一铺首衔环。

白虎铺首衔环

57 cm × 151 cm　征集于南阳市

画面上方刻一白虎，呈下山状。虎下方刻一铺首衔环。图像为平面浅浮雕，斜线底纹交织
成菱形式样。

白虎铺首衔环

59 cm×167 cm　征集于南阳市

画面上方刻一白虎，虎昂首翘起身躯。虎下方刻一铺首衔环。石刻为横底纹。

白虎铺首衔环

61 cm×121 cm　征集于南阳市

画面上方刻一白虎，虎昂首张口，后肢翘起，长尾弯曲向上。下方刻一铺首衔环。

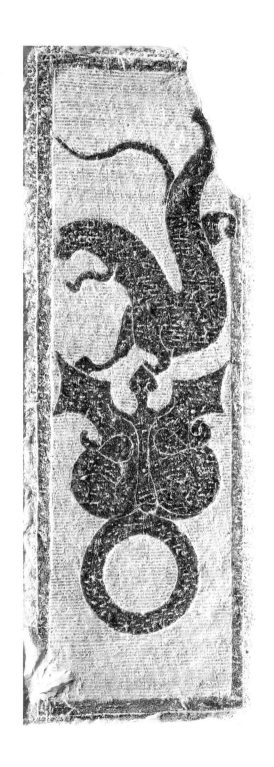

白虎铺首衔环

56 cm×149 cm　征集于南阳市宛城区

画面上方刻一白虎，虎昂首张口，曲躯，后肢翘起向上，尾呈平 S 形。虎下方刻一铺首衔环。
图像衬底为横纹。

白虎铺首衔环

63 cm ×123 cm　征集于南阳市

画面上方刻白虎，虎昂首张口，身躯向上翘起。虎两前爪分别踏立于下方铺首双耳之上，铺首口衔一圆环。图像底部为平面。

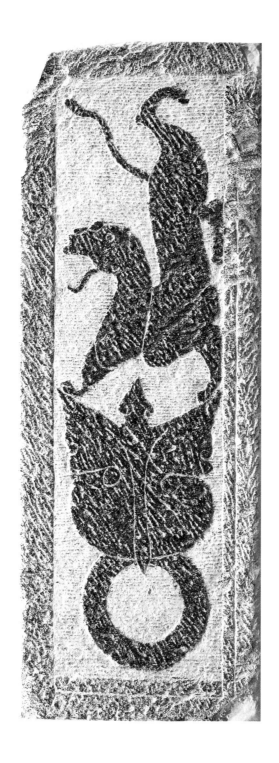

白虎铺首衔环

50 cm × 133 cm　征集于南阳市卧龙区潦河镇

画面上方刻一虎，虎昂首奋爪，身躯翘立，长尾高翘。虎下方刻一铺首衔环。

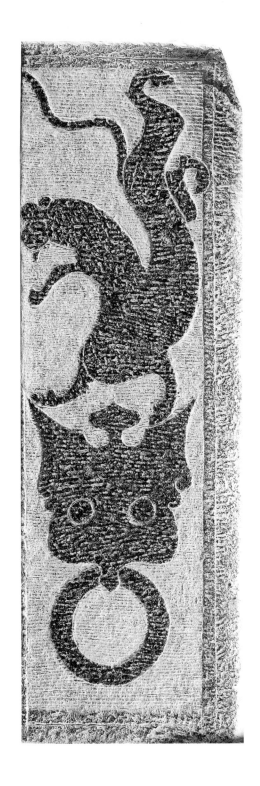

白虎铺首衔环

54 cm×150 cm 征集于南阳市卧龙区潦河镇

画面上方刻一虎，虎昂首翘立身躯，尾上扬。虎两爪之下刻一铺首衔环。

白虎铺首衔环

50 cm ×154 cm　征集于南阳市

画面上方刻一虎，虎昂首张口，身躯翘立，两前爪分别踏立于下方铺首左右耳上。铺首口衔
圆环。

白虎铺首衔环

49 cm×155 cm　征集于南阳市

画面上方刻一白虎，白虎昂首奋爪，身躯上立，尾长翘。虎下方刻铺首衔环。

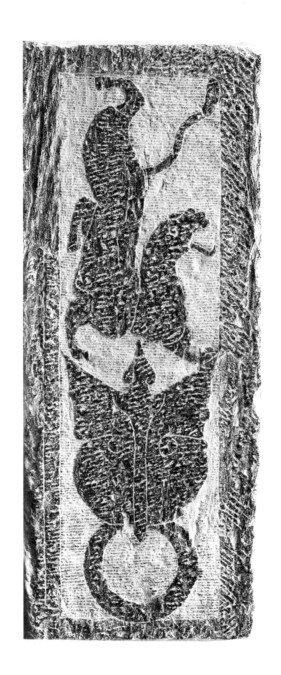

白虎铺首衔环

56 cm×131 cm　征集于南阳市

画面上方刻一白虎，白虎昂首奋爪，身躯翘起，长尾上摆。虎两爪下刻铺首衔环。

白虎铺首衔环

55 cm × 134 cm　征集于南阳市

画面上方刻一虎，虎昂首张口，身躯向上翘起，两前爪分别踏立于下方铺首之上。铺首口
衔一圆环。

白虎铺首衔环

55 cm × 138 cm　征集于南阳市卧龙区英庄镇

画面上方刻一虎，虎昂首张口，奋爪翘身，尾上摆。下方刻一铺首衔环。

白虎铺首衔环

53 cm × 160 cm　征集于南阳市宛城区溧河乡

画面上方刻一虎，虎昂首张口，身躯向上翘立，两前爪分别踏立于铺首左右耳上。铺首口衔圆环。下方刻一兽，兽头部漫漶不清。

白虎铺首衔环

49 cm ×151 cm   征集于南阳市卧龙区英庄镇

画面上方刻一虎，虎昂首奋爪，身躯向上翘起。中刻一铺首，铺首口衔圆环。下方刻十字穿
环图案。

白虎铺首衔环

56 cm × 164 cm　征集于南阳市

画面上方刻一虎，虎昂首奋爪，身躯向上立起，长尾高翘。虎下方刻一铺首衔环。

白虎铺首衔环

68 cm ×140 cm　征集于南阳市方城县

画面上方刻一虎，虎昂首奋爪，身躯翘起，立长尾。中刻一铺首衔环。下刻一似虎怪兽。

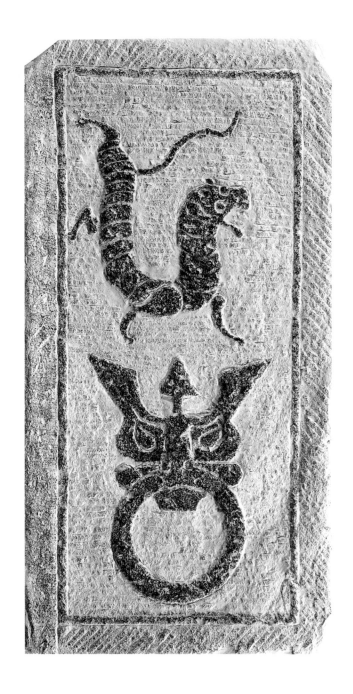

白虎铺首衔环

65 cm ×126 cm　征集于南阳市

画面上刻一虎，虎昂首张口，身躯向上立起，作上下状。下刻一铺首衔环。

白虎铺首衔环

54 cm×126 cm　征集于南阳市

画面刻一虎一铺首，虎昂首翘躯立尾，两前爪分别踏立于铺首双耳上。铺首口衔圆环。

白虎铺首衔环

51 cm ×137 cm　征集于南阳市宛城区

画面刻一虎一铺首，虎昂首张口，翘立身躯，长尾横摆，两前爪分别踏立于铺首双耳之上。
铺首圆眼，鼻口之下刻一圆环。

白虎铺首衔环

54 cm ×122 cm　征集于南阳市

画面上刻一虎踏于铺首之上，虎昂首张口，身躯上翘。铺首口衔圆环。

白虎铺首衔环

47 cm×150 cm　　征集于南阳市卧龙区潦河镇

画面上刻一虎，虎昂首翘尾，身躯向上立起。下刻铺首衔环。画刻图像为凹面雕。

画面刻一虎一铺首，虎张口奋爪，身躯向上立起，长尾横向翘摆，双爪踏于铺首上。铺首口衔圆环。

白虎铺首衔环

56 ㎝ ×110 ㎝　征集于南阳市

画面刻一虎一铺首，虎张口奋爪，身躯向上立起，长尾横向翘摆，双爪踏于铺首上。铺首口衔圆环。

白虎铺首衔环

54 cm ×147 cm 征集于南阳市唐河县

画面上方刻一虎，虎昂首张口，身躯翘立，两前爪下刻一铺首衔环。下刻三角形图案。

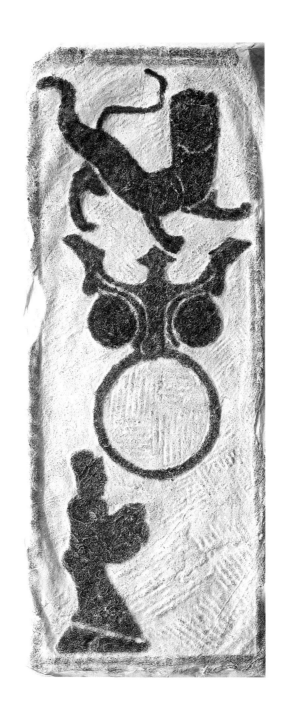

白虎铺首衔环

54 cm ×143 cm　征集于南阳市方城县

画面上方刻一虎，虎昂首奋爪，躯干翘起，长尾。中刻一铺首衔环。下刻一人，戴冠，着长袍，躬身而立。

画面上刻一虎，虎昂首奋爪，翘躯干长尾。下刻一铺首衔环。

白虎铺首衔环

48 cm × 109 cm　征集于南阳市

画面上刻一虎，虎昂首奋爪，翘躯干长尾。下刻一铺首衔环。

白虎铺首衔环

54 cm × 124 cm　征集于南阳市

画面上方刻一白虎，白虎昂首奋爪翘尾。下方刻一铺首衔环。

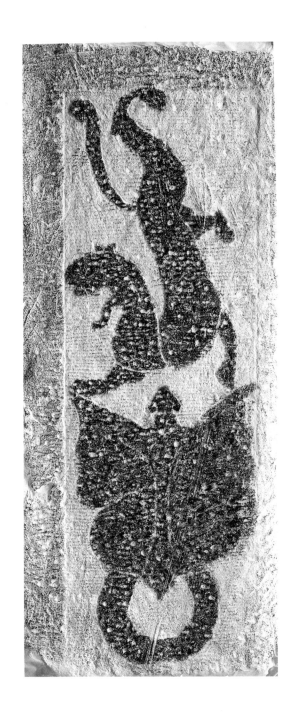

白虎铺首衔环

53 cm×122 cm　征集于南阳市

画面上方刻一虎，虎昂首张口翘尾。下刻铺首衔环。

白虎铺首衔环

55 cm ×158 cm　征集于南阳市

画面上方刻一虎，虎昂首张口翘尾。下刻铺首衔环。

白虎铺首衔环

57 cm × 122 cm　征集于南阳市

画面上方刻一虎，虎昂首张口翘尾。下刻铺首衔环。

白虎铺首衔环

59 cm ×167 cm　征集于南阳市宛城区八里屯王府

画面上方刻一虎，虎昂首张口翘尾。中刻铺首衔环。下方刻一动物，有翼有角。

白虎铺首衔环

50 cm×174 cm　征集于南阳市

画面上方刻一虎，虎昂首张口翘尾。下刻铺首衔环。

画面上方刻一虎，虎昂首张口翘尾。下刻铺首衔环。

白虎铺首衔环

60 cm ×134 cm　征集于南阳市

画面上方刻一虎，虎昂首张口翘尾。下刻铺首衔环。

白虎铺首衔环

55 cm ×130 cm　征集于南阳市

画面上方刻一虎，虎昂首张口翘尾。下刻铺首衔环。

白虎铺首衔环

48 cm ×122 cm 征集于南阳市

画面上方刻一虎，虎昂首张口翘尾。中刻铺首衔环。下刻菱形排列图案。

白虎铺首衔环

61 cm ×116 cm　征集于南阳市

画面上方刻一虎，虎昂首张口翘尾，两前爪立于铺首衔环之上。

白虎铺首衔环

46 cm ×125 cm　征集于南阳市

画面上方刻一虎，虎昂首张口翘尾。下刻铺首衔环。

白虎铺首衔环

52 cm ×138 cm　征集于南阳市

画面上方刻一虎，虎昂首张口，后半身翘起，尾巴卷曲。下刻铺首衔环。

白虎铺首衔环

59 cm ×116 cm 征集于南阳市

画上刻一虎，虎张口扬尾，两腿立于铺首之上。铺首口衔圆环。

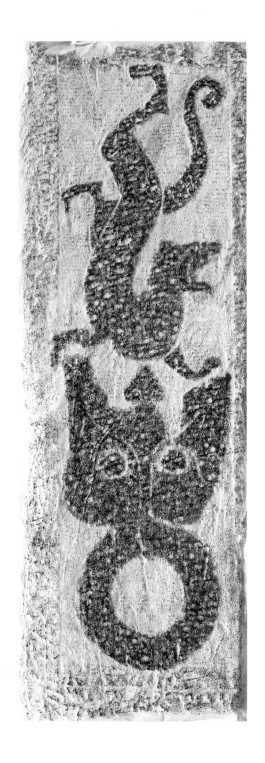

白虎铺首衔环

45 cm ×131 cm　　征集于南阳市

画面上刻一虎，虎长尾，昂首屈身。下刻铺首衔环。

白虎铺首衔环

51 cm×122 cm   征集于南阳市

画面上刻一虎，虎张口昂首奋爪，身躯向上翘立，长尾高竖。下刻铺首衔环。

白虎铺首衔环

50 cm ×136 cm　征集于南阳市

画面上刻一虎，虎张口昂首奋爪，身躯向上翘立，长尾高竖。下刻铺首衔环。

白虎铺首衔环

54 cm×134 cm　征集于南阳市

画面上方刻一虎，虎张口昂首奋爪，身躯向上翘立，长尾高竖。虎下方刻铺首衔环。

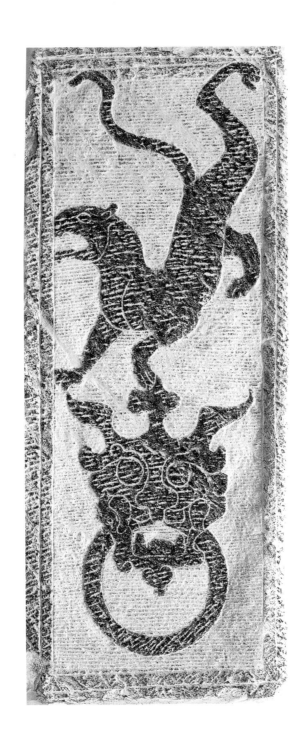

白虎铺首衔环

54 cm×133 cm　征集于南阳市

画面上刻一虎，虎张口昂首奋爪，身躯向上翘立，长尾高竖。下刻铺首衔环。

白虎铺首衔环

49 cm×136 cm　征集于南阳市

画上方刻一虎，虎张口翘尾，作倒立状。下方刻铺首衔环。

白虎铺首衔环

53 cm ×134 cm　征集于南阳市

画面上方刻一虎，虎昂首张口，身躯倒立向上，长尾上翘。下方刻一铺首衔环。

白虎铺首衔环

54 cm × 160 cm　征集于南阳市

画面上刻一虎，虎张口昂首奋爪，身躯向上翘立，长尾高竖。下刻铺首衔环。

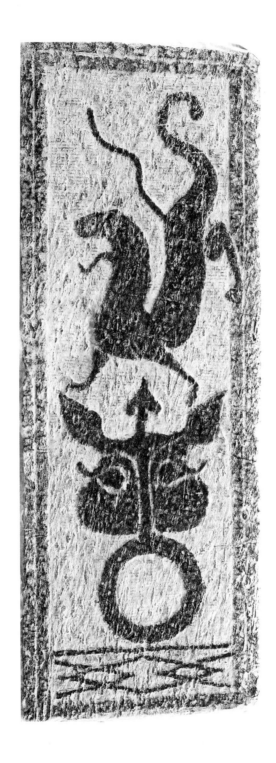

白虎铺首衔环

58 cm ×157 cm　征集于南阳市

画上部刻一虎，虎昂首张口奋爪，身躯与长尾翘立。中刻铺首衔环，铺首尖角圆眼。下刻菱形套连图案。

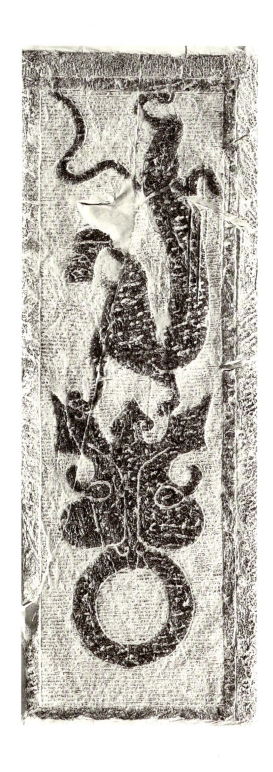

白虎铺首衔环

49 cm×125 cm　征集于南阳市

画上刻一白虎，白虎昂首张口，躯体向上翘立，长尾翘立于头部上方，前爪分踏于铺首两耳之上。铺首口衔圆环。

白虎铺首衔环

70 cm×173 cm　征集于南阳市

画面上方刻白虎，白虎昂首张口，伸前爪，后躯干及尾巴上翘。下刻铺首衔环。四周刻菱形
套连图案。

白虎铺首衔环

52 cm ×137 cm　征集于南阳市

画面上方刻一白虎，白虎昂首张口，伸前爪，后躯干及尾巴上翘，两前爪分别踏立于下方铺
首双耳之上。铺首口衔圆环。

白虎铺首衔环

52 cm × 134 cm　征集于南阳市

画面上方刻一白虎，白虎昂首张口，伸前爪，后躯干及尾巴上翘，两前爪分别踏于下方铺首
双耳之上。铺首尖形耳，圆眼，长鼻，长脸庞，鼻口之下衔圆环。

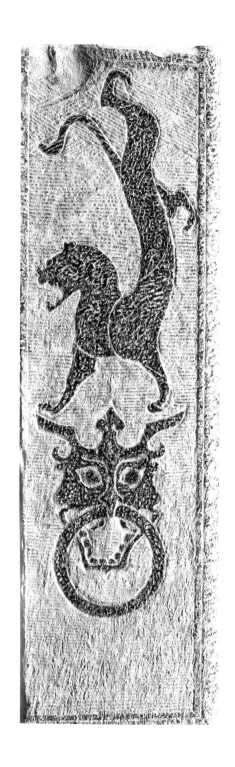

白虎铺首衔环

55 cm ×176 cm　征集于南阳市

画面上刻一虎，虎昂首张口奋爪，身躯向上翘立，长尾横向弯曲。下方刻一铺首，长耳平摆，
两眼圆瞪，方口，牙齿巨大，鼻口下衔一圆环。

白虎铺首衔环

55 cm × 158 cm　征集于南阳市

画面上刻一虎，虎昂首张口奋爪，身躯向上翘立，长尾横向弯曲。中刻一铺首，大耳，桃状眼，鼻口下方衔一圆环。下方刻两株柏树。图像轮廓外剔成横向平行底纹。

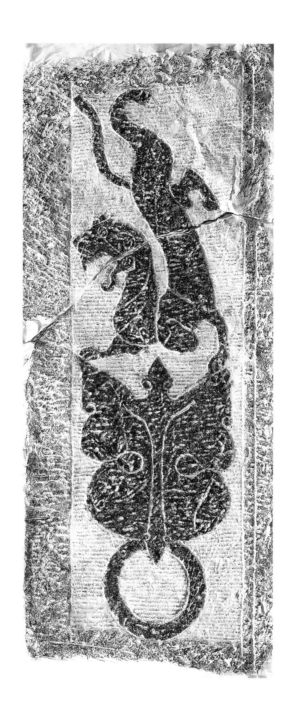

白虎铺首衔环

54 cm × 123 cm　征集于南阳市

画面上刻一虎，虎昂首张口奋爪，身躯向上翘立，两前爪踏立于铺首左右耳上。下刻铺首衔
环，铺首尖耳高额，圆眼长鼻。

白虎铺首衔环

52 cm×157 cm　征集于南阳市

画面上刻一虎，虎昂首张口奋爪，身躯向上翘立，两前爪踏于铺首左右耳上。下刻铺首衔环，
铺首尖耳高额，圆眼长鼻。

白虎铺首衔环

57 cm ×175 cm　征集于南阳市

画面上刻一虎，虎昂首张口奋爪，身躯向上翘立，躯干部有阴线刻的横线与弧形纹，两前爪
踏于铺首左右耳上。虎下刻铺首衔环，铺首尖耳高额，圆眼长鼻。下刻菱形图案。图像外剔
成横向平行底纹。

画刻一白虎，白虎倒立于铺首衔环之上。虎身残损。

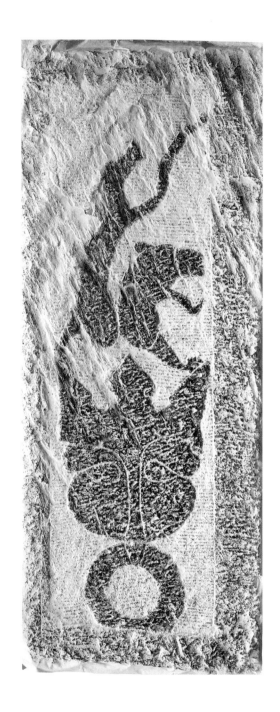

白虎铺首衔环

58 cm ×136 cm　　征集于南阳市草店

画刻一白虎，白虎倒立于铺首衔环之上。虎身残损。

白虎铺首衔环

49 cm×142 cm　征集于南阳市

画上刻一白虎，白虎昂首张口，两前爪一踏于铺首额角，一踏于铺首耳上，躯干及尾巴上翘。
下刻铺首衔环。图像轮廓外剔横向平行纹。

白虎铺首衔环

48 cm × 154 cm　征集于南阳市

画上刻一白虎，白虎昂首张口露牙，躯干及尾巴上翘，两前爪分别踏于铺首左耳与额角之上。
下刻铺首衔环。画像轮廓外剔平行纹。

白虎铺首衔环

57 cm × 113 cm 征集于南阳市唐河县井楼村

画上方刻一白虎，白虎张口曲尾，右后腿残缺。下刻铺首衔环。

白虎铺首衔环

66 cm ×172 cm　　征集于南阳市妇幼保健院

画面刻白虎铺首衔环，两侧刻菱形套连图案，下方有一道凹槽。

白虎铺首衔环

56 cm ×163 cm　征集于南阳市邓州陶营乡上岗村

画面上方刻一白虎，白虎张巨口，身躯向上倒立，长尾平翘。下刻铺首衔环。

白虎铺首衔环

59 cm ×162 cm　征集于南阳市包庄

画上刻一虎，虎身布满条形斑纹，张口曲尾。中刻铺首衔环。下方饰云气。

白虎铺首衔环

59 cm ×162 cm　征集于南阳市包庄

画上刻一斑斓猛虎，张口曲尾，长须。中刻铺首衔环。下方点缀云气纹。

白虎铺首衔环

52 cm ×125 cm　征集于南阳市（已调拨河南博物院）

画上刻一白虎，张口翘尾，后肢腾空。下刻铺首衔环。

【朱雀铺首衔环】

朱雀铺首衔环

66 cm × 175 cm   征集于南阳市妇幼保健院

画面四周边框刻三角形纹。框内上方刻一朱雀，朱雀昂首振翅翘尾，下刻铺首衔环。

朱雀铺首衔环

58 cm × 157 cm　征集于南阳市

画面上刻一朱雀，朱雀振翅翘尾，立于铺首衔环之上。

朱雀铺首衔环

63 cm×116 cm　征集于南阳市

画面上方刻一朱雀，朱雀昂首翘尾。下刻铺首衔环。图像刻剔底的平素面。

朱雀铺首衔环

57 cm × 145 cm 征集于南阳市

画面上方刻一朱雀，朱雀引颈昂首。中刻铺首衔环。下刻一顿足挥臂熊。

朱雀铺首衔环

54 cm×147 cm　征集于南阳市方城县

画面上方刻一朱雀，中刻铺首衔环，下刻一武士持矛向前冲刺。底纹为交织斜纹。

朱雀铺首衔环

52 cm ×143 cm　征集于南阳市蒲山

画面上方刻一朱雀，朱雀引颈振翅，尾羽上翘。朱雀下方刻铺首衔环。

朱雀铺首衔环

49 cm ×109 cm　　征集于南阳市唐河县湖阳镇

画面上方刻一朱雀，朱雀引颈振翅，翘翎羽。下方刻一铺首（残缺）。边框饰三角形纹。

朱雀铺首衔环

58 cm×147 cm　征集于南阳市方城县

画面上刻一引颈振翅朱雀，朱雀前方刻一羽人，羽人正腾升而起，双手触及朱雀喙部。中刻
铺首衔环，圆环中刻一柏树。下刻一顿足扭身挥臂熊。图像底纹为交织斜纹。

朱雀铺首衔环

44 ㎝ × 140 ㎝　　征集于南阳市

画面上刻一朱雀，朱雀长颈引首，羽冠上竖，修腿振翅，尾羽上翘。中刻一铺首衔环。下刻一兕，兕独角，背生翼，身如牛。

朱雀铺首衔环

65 cm ×126 cm　征集于南阳市

画面上刻一朱雀，修颈长喙，双翅振动，尾翎上扬。朱雀下方刻一铺首衔环，环为双连环。

朱雀铺首衔环

46 cm ×146 cm　征集于南阳市卧龙区潦河镇

画面上方刻一朱雀，朱雀昂首引颈，羽冠高竖，长尾向上翘起，两爪分别踏于下方铺首左右耳上。铺首口衔圆环。

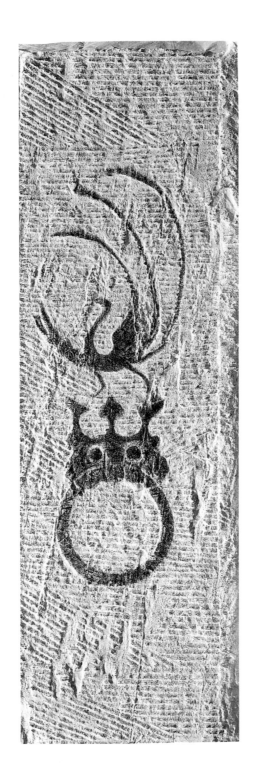

朱雀铺首衔环

56 cm × 160 cm　征集于南阳市丰台小区

画面刻一朱雀立于铺首之上，朱雀昂首引颈，振翅翘尾。铺首两眼圆瞪，衔一圆环。

朱雀铺首衔环

48 cm × 152 cm　征集于南阳市

画面上刻一引颈振翅翘羽之朱雀，中刻一铺首衔环，下刻三株柏树。

朱雀铺首衔环

56 cm×165 cm　征集于南阳市宛城区王府

画面上方刻一朱雀，中刻一铺首衔环，下刻一人斗兽。

朱雀铺首衔环

54 cm × 164 cm　征集于南阳市唐河县湖阳镇

画面上方刻一朱雀，朱雀昂首引颈，花冠高立，振翅翘羽。中刻铺首衔环。下刻菱形套连图案。

朱雀铺首衔环

55 cm×114 cm　征集于南阳市

画面上刻一朱雀，朱雀展翅翘尾昂首。下刻铺首衔环。

朱雀铺首衔环

59 cm ×138 cm　征集于南阳市蒲山

画面上刻一朱雀，朱雀头上有翎，伸颈展翅，尾羽上翘。下刻铺首衔环，铺首大耳，扁圆眼，
圆脸庞。图像轮廓剔平行底纹。

朱雀铺首衔环

55 cm × 126 cm　征集于南阳市

画面上部刻一朱雀，朱雀头上有一翎，伸颈展翅。下刻一铺首衔环。

朱雀铺首衔环

57 cm × 163 cm　征集于南阳市丰台小区

画面上刻一朱雀，朱雀两爪蹬在下部铺首上，双翅张开，尾翎上扬。铺首口衔圆环。

朱雀铺首衔环

61 cm×126 cm　征集于南阳市

画上刻一朱雀，朱雀扬翅垂尾。下刻铺首衔环。

朱雀铺首衔环

53 cm ×114 cm　征集于南阳市

画面上刻一朱雀，朱雀昂首翘尾，头上有一花翎。下刻铺首衔环。

朱雀铺首衔环

49 cm×156 cm　征集于南阳市

画面上刻朱雀，中刻铺首衔环，下刻一动物。

朱雀铺首衔环

49 cm ×142 cm　征集于南阳市

画面上刻一朱雀，朱雀头上有花翎，尾羽上翘。下刻铺首衔环。

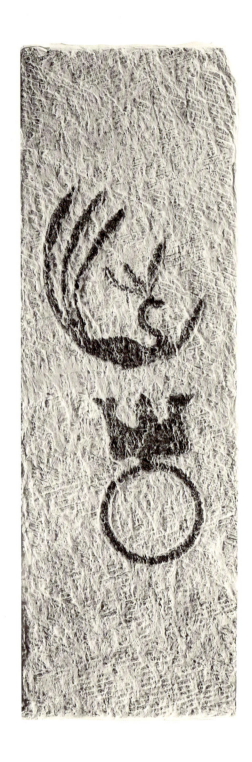

朱雀铺首衔环

53 cm ×160 cm　征集于南阳市

画面上刻一朱雀，朱雀尾羽上翘。下刻铺首衔环。

朱雀铺首衔环

54 cm ×160 cm 征集于南阳市丰台小区

画面上方刻一朱雀，朱雀引颈昂首，展翅翘羽。朱雀下方刻一铺首衔环。

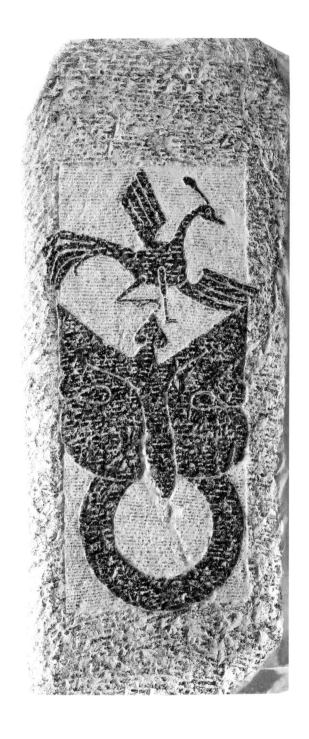

朱雀铺首衔环

49 cm × 128 cm　征集于南阳市

画面上刻一朱雀，朱雀冠羽高竖，引颈展翅。下刻铺首衔环。

画面上方刻一朱雀，朱雀修颈长喙，展翅奋爪，尾羽后曳。下刻铺首衔环。

朱雀铺首衔环

53 cm×126 cm　征集于南阳市宛城区十里铺

画面上方刻一朱雀，朱雀修颈长喙，展翅奋爪，尾羽后曳。下刻铺首衔环。

朱雀铺首衔环

56 cm×156 cm　征集于南阳市

画面上方刻一朱雀，朱雀引颈振翅，冠羽与尾羽高竖。中刻铺首衔环，铺首尖耳扁眼，长鼻宽颊。下刻三株柏树。

朱雀铺首衔环

50 cm×156 cm　征集于南阳市

画面上方刻一朱雀，朱雀口衔丹珠，昂首伸颈，奋爪展翅，冠羽与尾羽高竖。中刻一铺首衔
环。下刻一兽，疑似犬。

朱雀铺首衔环

70 cm×173 cm　　征集于南阳市

画面上部刻一朱雀，朱雀昂首伸颈，奋爪扬翅，尾羽高竖。下刻铺首衔环，铺首扁圆眼，宽脸庞，长鼻。四周边框刻三角形图案。

朱雀铺首衔环

64 cm ×137 cm 征集于南阳市方城县

画面上刻一朱雀，朱雀昂首引颈振翅。中刻铺首衔环。下刻一武士，弓步站立，双手执钺。

朱雀铺首衔环

46 cm × 160 cm　征集于南阳市新店熊营

画面上方刻一朱雀，朱雀头上有翎，伸颈展翅，尾羽上翘。中刻铺首衔环。下刻一侧立人物。